LOIS SUR L'ENSEIGNEMENT.

Publications du même Éditeur :

Loi sur l'Enseignement du 15 mars 1850, expliquée et commentée par ses motifs, les actes législatifs et la jurisprudence, contenant, à la suite de chaque article, les parties correspondantes des décrets, arrêtés et instructions ministérielles publiés pour l'exécution de la loi, et la solution des principales questions que présente le texte, suivie de tables chronologique et analytique : deuxième édition revue et augmentée; 1 vol. in-12, de 250 pages.

Annuaire de l'Instruction publique pour l'année courante, personnel de l'administration centrale et académique, des facultés, des lycées, etc.; état de l'instruction publique et libre; conditions d'admission aux grades et fonctions de l'enseignement public et libre, aux concours des écoles spéciales du gouvernement, etc.; 1 vol. grand in-18.

Recueil des lois et actes de l'Instruction publique, actes et documents officiels relatifs à l'instruction supérieure, secondaire et primaire. — Chaque mois il est publié un numéro in-octavo, de trois à quatre feuilles, suivant le nombre des actes officiels. — Des tables chronologique et analytique accompagnent la collection de chaque année.

Annales législatives de l'Instruction primaire, actes et documents officiels relatifs à l'instruction primaire. — Chaque mois il est publié un numéro in-octavo, de deux à trois feuilles, suivant le nombre des actes officiels. — Des tables chronologique et analytique accompagnent la collection de chaque année.

LOIS
SUR L'ENSEIGNEMENT

DES 15 MARS 1850, 9 MARS 1852 ET 14 JUIN 1854

COMBINÉES ENTRE ELLES

ET ACCOMPAGNÉES DE NOTES EXPLICATIVES,

PAR J. DELALAIN,

Imprimeur de l'Université
Éditeur du Recueil des lois et actes de l'instruction publique
Chevalier de la Légion d'honneur.

DEUXIÈME ÉDITION.

PARIS.
IMPRIMERIE DE JULES DELALAIN
RUES DE SORBONNE ET DES MATHURINS.

1854.

LOIS

SUR L'ENSEIGNEMENT

DES 15 MARS 1850, 9 MARS 1852 ET 14 JUIN 1854.

LOI SUR L'ENSEIGNEMENT

Du 15 Mars 1850.

Les articles et les parties d'articles placés entre [ ] ont été abrogés par le décret-loi du 9 mars 1852 ou par la loi du 14 juin 1854[1]. Les mots mis entre ( ) remplacent, à dater du 1er septembre 1854, ceux abrogés et mis entre [ ].

TITRE Ier.

DES AUTORITÉS PRÉPOSÉES A L'ENSEIGNEMENT.

CHAPITRE Ier.

DU CONSEIL SUPÉRIEUR DE L'INSTRUCTION PUBLIQUE.

Article 1er (*modifié*).

§ 1. [Le conseil supérieur de l'instruction publique est composé comme il suit :

2. [Le ministre, président :

3. [Quatre archevêques ou évêques, élus par leurs collègues ;

4. [Un ministre de l'église réformée, élu par les consistoires ;

5. [Un ministre de l'église de la confession d'Augsbourg, élu par les consistoires ;

1. Voyez le décret-loi du 9 mars 1852 (p. 41) et la loi du 14 juin 1854 (p. 45).

6. [Un membre du consistoire central israélite, élu par ses collègues;
7. [Trois conseillers d'État, élus par leurs collègues;
8. [Trois membres de la cour de cassation, élus par leurs collègues;
9. [Trois membres de l'Institut, élus en assemblée générale de l'Institut;
10. [Huit membres nommés par le président de la république, en conseil des ministres, et choisis parmi les anciens membres du conseil de l'Université, les inspecteurs généraux ou supérieurs, les recteurs et les professeurs des facultés : ces huit membres forment une section permanente;
11. [Trois membres de l'enseignement libre nommés par le président de la république, sur la proposition du ministre de l'instruction publique.]

Cet article a été modifié et remplacé par les articles 5, 6 et 1er du décret du 9 mars 1852 :

« Le conseil supérieur se compose :
De trois membres du sénat,
De trois membres du conseil d'État,
De cinq archevêques ou évêques,
De trois ministres des cultes non catholiques,
De trois membres de la cour de cassation,
De cinq membres de l'Institut,
De huit inspecteurs généraux,
De deux membres de l'enseignement libre.
Les membres du conseil supérieur sont nommés pour un an. » (*Décret du 9 mars 1852*, *art.* 5, §§ 1er *et* 2.)

« Le ministre peut appeler au conseil supérieur, pour des questions spéciales, avec voix consultative, des inspecteurs généraux qui n'auraient pas été désignés pour en faire partie. » (*Ibid.*, *art.* 6, § 4.)

« Le président de la république, sur la proposition du ministre de l'instruction publique, nomme et révoque les membres du conseil supérieur..... » (*Ibid.*, *art.* 1er.)

Article 2 (*abrogé*).

§ 1. [Les membres de la section permanente sont nommés à vie.

2. [Ils ne peuvent être révoqués que par le président de la république, en conseil des ministres, sur la proposition du ministre de l'instruction publique.
3. [Ils reçoivent seuls un traitement.]

Cet article a été abrogé par le décret du 9 mars 1852, qui n'a pas maintenu la section permanente.

Article 3 (*modifié*).

§ 1. [Les autres membres du conseil sont nommés pour six ans.
2. [Ils sont indéfiniment rééligibles.]

Cet article a été modifié et remplacé par le § 2 de l'article 5 du décret du 9 mars 1852 :

« Les membres du conseil supérieur sont nommés pour un an. » (*Décret du 9 mars 1852, art. 5, § 2.*)

Article 4 (*modifié*).

§ 1. [Le conseil supérieur tient au moins quatre sessions par an.
2. [Le ministre peut le convoquer en session extraordinaire toutes les fois qu'il le juge convenable.]

Cet article a été modifié et remplacé par le § 3 de l'article 5 du décret du 9 mars 1852 :

« Le ministre préside le conseil et détermine l'ouverture des sessions, qui auront lieu au moins deux fois par an. » (*Décret du 9 mars 1852, art. 5, § 3.*)

Article 5 (*modifié*).

§ 1. Le conseil supérieur peut être appelé à donner son avis sur les projets de lois, de règlements et de décrets relatifs à l'enseignement, et en général sur toutes les questions qui lui seront soumises par le ministre.
2. Il est nécessairement appelé à donner son avis :
3. Sur les règlements relatifs aux examens, aux concours et aux programmes d'études dans les écoles publiques, à la surveillance des écoles libres, et en général sur

tous les arrêtés portant règlement pour les établissements d'instruction publique;

4. Sur la création des facultés, lycées et colléges;
5. Sur les secours et encouragements à accorder aux établissements libres d'instruction secondaire;
6. Sur les livres qui peuvent être introduits dans les écoles publiques, et sur ceux qui doivent être défendus dans les écoles libres, comme contraires à la morale, à la constitution et aux lois.
7. Il prononce en dernier ressort sur les jugements rendus par les conseils [académiques] (départementaux) dans les cas déterminés par l'article 14.
8. Le conseil présente, chaque année, au ministre un rapport sur l'état général de l'enseignement, sur les abus qui pourraient s'introduire dans les établissements d'instruction, et sur les moyens d'y remédier.

Le § 7 a été modifié par le § 2 de l'article 3 du décret du 9 mars 1852, en ce qui concerne les peines disciplinaires prononcées contre les membres de l'enseignement secondaire public :

« Le ministre prononce directement et sans recours, contre les membres de l'enseignement secondaire public, la réprimande devant le conseil académique, la censure devant le conseil supérieur, la mutation, la suspension des fonctions avec ou sans privation totale ou partielle de traitement, la révocation. » (*Décret du 9 mars 1852, art. 3, § 2.*)

Article 6 (*abrogé*).

§ 1. [La section permanente est chargée de l'examen préparatoire des questions qui se rapportent à la police, à la comptabilité et à l'administration des écoles publiques.

2. [Elle donne son avis, toutes les fois qu'il lui est demandé par le ministre, sur les questions relatives aux droits et à l'avancement des membres du corps enseignant.

3. [Elle présente annuellement au conseil un rapport sur l'état de l'enseignement dans les écoles publiques.]

Cet article a été abrogé par le décret du 9 mars 1852 (voy., p. 2, l'art. 2).

CHAPITRE II.

DES CONSEILS ACADÉMIQUES[1].

Article 7 (*modifié*).

[Il sera établi une académie dans chaque département.]

Cet article a été modifié et remplacé par les articles 1er *et* 11 *de la loi du* 14 *juin* 1854 :

« La France est divisée en seize circonscriptions académiques, dont les chefs-lieux sont : Aix, Besançon, Bordeaux, Caen, Clermont, Dijon, Douai, Grenoble, Lyon, Montpellier, Nancy, Paris, Poitiers, Rennes, Strasbourg, Toulouse. » (*Loi du* 14 *juin* 1854, *art.* 1er.)

« Un décret, rendu en la forme des règlements d'administration publique, déterminera les circonscriptions des académies, ainsi que tout ce qui concerne la réunion et la tenue des conseils académiques et départementaux[2]. » (*Ibid.*, *art.* 11.)

Article 8 (*modifié*).

[Chaque académie est administrée par un recteur, assisté, si le ministre le juge nécessaire, d'un ou de plusieurs inspecteurs, et par un conseil académique.]

Cet article a été modifié et remplacé par les articles 2, 8 *et* 9 *de la loi du* 14 *juin* 1854 :

« Chacune des académies est administrée par un recteur, assisté d'autant d'inspecteurs d'académie qu'il y a de départements dans la circonscription.

Un décret déterminera le nombre des inspecteurs d'académie du département de la Seine. » (*Loi du* 14 *juin* 1854, *art.* 2.)

« Le préfet exerce, sous l'autorité du ministre de l'instruction publique, et sur le rapport de l'inspecteur d'académie, les attributions déférées au recteur par la loi du 15 mars 1850

1. D'après la loi du 14 juin 1854, de nouveaux conseils académiques sont formés au chef-lieu des nouvelles académies, et les anciens conseils sont transformés en conseils départementaux.

et par le décret organique du 9 mars 1852, en ce qui concerne l'instruction primaire publique ou libre. » (*Ibid., art.* 8.)

« Sous l'autorité du préfet, l'inspecteur d'académie instruit les affaires relatives à l'enseignement primaire du département.

Sous l'autorité du recteur, il dirige l'administration des colléges et lycées, et exerce, en ce qui concerne l'enseignement secondaire libre, les attributions déférées au recteur par la loi du 15 mars 1850. » (*Ibid., art.* 9.)

Article 9 (*abrogé*).

§ 1. [Les recteurs ne sont pas choisis exclusivement parmi les membres de l'enseignement public.

2. [Ils doivent avoir le grade de licencié, ou dix années d'exercice comme inspecteurs d'académie, proviseurs, censeurs, chefs ou professeurs des classes supérieures dans un établissement public ou libre].

Cet article a été abrogé et remplacé par l'article 1er *du décret du* 9 *mars* 1852 :

« Le président de la république, sur la proposition du ministre de l'instruction publique, nomme et révoque.... les recteurs.... » (*Décret du* 9 *mars* 1852, *art.* 1er.)

Article 3 *de la loi du* 14 *juin* 1854[1].

§ 1. (Il y a au chef-lieu de chaque académie un conseil académique, composé :

2. 1° Du recteur, président;
3. 2° Des inspecteurs de la circonscription;
4. 3° Des doyens des facultés;
5. 4° De sept membres choisis, tous les trois ans, par le ministre de l'instruction publique :
6. Un parmi les archevêques ou évêques de la circonscription;
7. Deux parmi les membres du clergé catholique ou parmi les ministres des cultes non catholiques reconnus;

1. Les trois articles suivants sont extraits de la loi du 14 juin 1854 et relatifs aux nouveaux conseils académiques.

8. Deux dans la magistrature;
9. Deux parmi les fonctionnaires publics ou autres personnes notables de la circonscription.)

Article 4 *de la loi du* 14 *juin* 1854.

§ 1. (Le conseil académique veille au maintien des méthodes d'enseignement prescrites par le ministre, en conseil impérial de l'instruction publique, et qui doivent être suivies dans les écoles publiques d'instruction primaire, secondaire ou supérieure du ressort.

2. Il donne son avis sur les questions d'administration, de finances ou de discipline, qui intéressent les colléges communaux, les lycées et les établissements d'enseignement supérieur.)

Article 10 *de la loi du* 14 *juin* 1854 (§§ 1er *et* 3).

§ 1. (Le local de l'académie, le mobilier du conseil académique et des bureaux du recteur, sont fournis par la ville chef-lieu.

3. Ces dépenses sont obligatoires.)

CHAPITRE II *BIS*.

DES CONSEILS DÉPARTEMENTAUX.

Article 10 (*modifié*)[1].

§ 1. Le conseil [académique] (départemental) est composé ainsi qu'il suit :

2. Le [recteur] (préfet), président;
3. [Un inspecteur] (L'inspecteur) d'académie, [un fonctionnaire de l'enseignement, ou] un inspecteur des écoles primaires, désigné par le ministre;
4. [Le préfet ou son délégué];
5. L'évêque ou son délégué;
6. Un ecclésiastique désigné par l'évêque;
7. Un ministre de l'une des deux églises protestantes, désigné par le ministre de l'instruction publique, dans les départements où il existe une église légalement établie;

1. Cet article et les suivants s'appliquent actuellement aux conseils départementaux.

8. Un [délégué] (membre) du consistoire israélite, dans chacun des départements où il existe un consistoire légalement établi, (désigné par le ministre);

9. Le procureur général près la cour d'appel dans les villes où siége une cour d'appel, et, dans les autres, le procureur de la république près le tribunal de première instance;

10. Un membre de la cour d'appel, [élu par elle] (désigné par le ministre,) ou, à défaut de cour d'appel, un membre du tribunal de première instance, [élu par le tribunal] (désigné par le ministre);

11. Quatre membres [élus par le conseil général] (désignés par le ministre,) dont deux au moins pris dans [son sein] (le sein du conseil général).

12. [Les doyens des facultés seront, en outre, appelés dans le conseil académique, avec voix délibérative, pour les affaires intéressant leurs facultés respectives.]

13. La présence de la moitié plus un des membres est nécessaire pour la validité des délibérations du conseil [académique] (départemental).

Cet article a été modifié par l'article 5 de la loi du 14 juin 1854 et l'article 3 du décret du 9 mars 1852 :

« Il y a au chef-lieu de chaque département un conseil départemental de l'instruction publique, composé :

1° Du préfet, président;

2° De l'inspecteur d'académie;

3° D'un inspecteur de l'instruction primaire désigné par le ministre;

4° Des membres que les paragraphes 5, 6, 7, 8, 9, 10 et 11 de l'article 10 de la loi du 15 mars 1850 appelaient à siéger dans les anciens conseils, et dont le mode de désignation demeure réglé conformément à ladite loi et à l'article 3 du décret du 9 mars 1852. » (*Loi du 14 juin* 1854, *art.* 5.)

« Le ministre, par délégation du président de la république, nomme et révoque..... les membres des conseils [académiques] (départementaux), qui procédaient précédemment de l'élection..... » (*Décret du* 9 *mars* 1852, *art.* 3).

Article 11 (*modifié*).

§ 1. Pour le département de la Seine, le conseil [académique] (départemental) est composé comme il suit :

2. Le [recteur] (préfet), président;
3. Le [préfet] (recteur de l'académie de Paris, vice-président);
4. L'archevêque de Paris ou son délégué;
5. Trois ecclésiastiques désignés par l'archevêque;
6. Un ministre de l'église réformée, [élu par le consistoire] (désigné par le ministre);
7. Un ministre de l'église de la confession d'Augsbourg, [élu par le consistoire] (désigné par le ministre);
8. Un membre du consistoire israélite, [élu par le consistoire] (désigné par le ministre);
9. [Trois inspecteurs d'académie] (Deux des inspecteurs de l'académie attachés au département de la Seine) désignés par le ministre;
10. [Un inspecteur des écoles primaires] (Deux inspecteurs de l'instruction primaire dudit département) désignés par le ministre;
11. Le procureur général près la cour d'appel, ou un membre du parquet désigné par lui;
12. Un membre de la cour d'appel, [élu par la cour] (désigné par le ministre);
13. Un membre du tribunal de première instance, [élu par le tribunal (désigné par le ministre);
14. Quatre membres du conseil municipal de Paris, et deux membres du conseil général de la Seine, pris parmi ceux des arrondissements de Sceaux et de Saint-Denis, [tous élus par le conseil général] (désignés par le ministre);
15. Le secrétaire général de la préfecture du département de la Seine.
16. [Les doyens des facultés seront, en outre, appelés dans le conseil académique, avec voix délibérative, pour les affaires intéressant leurs facultés respectives.]

Cet article a été modifié par l'article 6 *de la loi du* 14 *juin* 1854 *et l'article* 3 *du décret du* 9 *mars* 1852 *:*

« Pour le département de la Seine, le conseil départemental de l'instruction publique se compose :

1° Du préfet, président;

2° Du recteur de l'académie de Paris, vice-président;

3° De deux des inspecteurs d'académie attachés au département de la Seine ;

4° De deux inspecteurs de l'instruction primaire dudit département ;

5° Des membres que les paragraphes 4, 5, 6, 7, 8, 11, 12, 13, 14 et 15 de l'article 11 de la loi du 15 mars 1850 appelaient à faire partie de l'ancien conseil académique de la Seine, et dont le mode de désignation demeure réglé conformément à ladite loi et à l'article 3 du décret du 9 mars 1852. » (*Loi du* 14 *juin* 1854, *art.* 6.)

« Le ministre, par délégation du président de la république, nomme et révoque..... les membres des conseils [académiques] (départementaux), qui procédaient précédemment de l'élection...... » (*Décret du* 9 *mars* 1852, *art.* 3.)

Article 12 (*abrogé*).

[Les membres des conseils académiques dont la nomination est faite par élection sont élus pour trois ans, et indéfiniment rééligibles.]

Cet article a été abrogé par le décret du 9 *mars* 1852 *qui attribue au ministre la nomination et la révocation des membres des anciens conseils académiques.*

Article 13 (*modifié*).

Les départements fourniront un local pour le service de l'administration [académique] (départementale).

Cet article a été modifié et remplacé par les §§ 2 *et* 3 *de l'article* 10 *de la loi du* 14 *juin* 1854 :

« Le local et le mobilier nécessaires à la réunion du conseil départemental, et les bureaux de l'inspecteur d'académie, ainsi que les frais de bureau, sont à la charge du département.

Ces dépenses sont obligatoires. » (*Loi du* 14 *juin* 1854, *art.* 10, §§ 2 *et* 3.)

Article 14 (*modifié*).

§ 1. Le conseil [académique] (départemental) donne son avis :

2. [Sur l'état des différentes écoles établies dans le département ;]

3. [Sur les réformes à introduire dans l'enseignement, la discipline et l'administration des écoles publiques ;]
4. Sur les budgets et les comptes administratifs des [lycées, collèges et] écoles normales primaires ;
5. Sur les secours et encouragements à accorder aux écoles primaires.
6. [Il instruit les affaires disciplinaires relatives aux membres de l'enseignement public secondaire ou supérieur qui lui sont renvoyées par le ministre ou le recteur.]
7. Il prononce, sauf recours au conseil supérieur, sur les affaires contentieuses relatives [à l'obtention des grades, aux concours devant les facultés], à l'ouverture des écoles libres, aux droits des maîtres particuliers, et à l'exercice du droit d'enseigner ; [sur les poursuites dirigées contre les membres de l'instruction secondaire publique et tendant à la révocation, avec interdiction d'exercer la profession d'instituteur libre, de chef ou professeur d'établissement libre,] et, dans les cas déterminés par la présente loi, sur les affaires disciplinaires relatives aux instituteurs primaires, publics ou libres.

Cet article a été modifié par l'article 7 de la loi du 14 juin 1854, en ce qui concerne les attributions des nouveaux conseils départementaux :

«Le conseil départemental de l'instruction publique exerce, en ce qui concerne les affaires de l'instruction primaire et les affaires disciplinaires et contentieuses relatives aux établissements particuliers d'instruction secondaire, les attributions déférées au conseil académique par la loi du 15 mars 1850.

Les appels de ses décisions, dans les matières qui intéressent la liberté d'enseignement, sont portés directement devant le conseil impérial de l'instruction publique, en conformité des dispositions de ladite loi.» (*Loi du 14 juin 1854, art. 7.*)

Article 15 (*modifié*).

§ 1. Le conseil [académique] (départemental) est nécessairement consulté sur les règlements relatifs au régime intérieur des [lycées, colléges et] écoles normales primaires, et sur les règlements relatifs aux écoles publiques primaires.

2. Il fixe le taux de la rétribution scolaire, sur l'avis des conseils municipaux et des délégués cantonaux.

3. Il détermine les cas où les communes peuvent, à raison des circonstances, et provisoirement, établir ou conserver des écoles primaires dans lesquelles seront admis des enfants de l'un et l'autre sexe, ou des enfants appartenant aux différents cultes reconnus.

4. Il donne son avis au [recteur] (préfet) sur les récompenses à accorder aux instituteurs primaires.

5. Le [recteur] (préfet) fait les propositions au ministre et distribue les récompenses accordées.

Cet article a été également modifié par l'article 7 de la loi du 14 juin 1854, en ce qui concerne les attributions des nouveaux conseils départementaux (voy., p. 11, l'art. 7).

Article 16 (*abrogé*).

§ 1. [Le conseil académique présente chaque année au ministre et au conseil général un exposé de la situation de l'enseignement dans le département.

2. [Les rapports du conseil académique sont envoyés par le recteur au ministre, qui les communique au conseil supérieur.]

Cet article a été abrogé par la loi du 14 juin 1854, qui a modifié les attributions des nouveaux conseils académiques.

CHAPITRE III.

DES ÉCOLES ET DE L'INSPECTION.

SECTION Ire. — DES ÉCOLES.

Article 17.

§ 1. La loi reconnaît deux espèces d'écoles primaires ou secondaires :

2. 1° Les écoles fondées ou entretenues par les com-

munes, les départements ou l'Etat, et qui prennent le nom d'*écoles publiques;*

3. 2° Les écoles fondées et entretenues par des particuliers ou des associations, et qui prennent le nom d'*écoles libres.*

SECTION II. — DE L'INSPECTION.

Article 18.

§ 1. L'inspection des établissements d'instruction publique ou libre est exercée,

2. 1° Par les inspecteurs généraux [et supérieurs];

3. 2° Par les recteurs et les inspecteurs d'académie;

4. 3° Par les inspecteurs de l'enseignement primaire;

5. 4° Par les délégués cantonaux, le maire et le curé, le pasteur ou le délégué du consistoire israélite, en ce qui concerne l'enseignement primaire.

6. Les ministres des différents cultes n'inspecteront que les écoles spéciales à leur culte, ou les écoles mixtes pour leurs coreligionnaires seulement.

7. Le recteur pourra, en cas d'empêchement, déléguer temporairement l'inspection à un membre du conseil académique.

Article 19 (*abrogé*).

§ 1. [Les inspecteurs d'académie sont choisis par le ministre parmi les anciens inspecteurs, les professeurs des facultés, les proviseurs et censeurs des lycées, les principaux des colléges, les chefs d'établissements secondaires libres, les professeurs des classes supérieures dans ces diverses catégories d'établissements, les agrégés des facultés et lycées, et les inspecteurs des écoles primaires, sous la condition commune à tous du grade de licencié, ou de dix ans d'exercice.]

2. [Les inspecteurs généraux et supérieurs sont choisis par le ministre, soit dans les catégories ci-dessus indiquées, soit parmi les anciens inspecteurs généraux ou inspecteurs supérieurs de l'instruction primaire, les recteurs et inspecteurs d'académie, ou parmi les membres de l'Institut.]

3. [Le ministre ne fait aucune nomination d'inspecteur général sans avoir pris l'avis du conseil supérieur.]

Cet article a été abrogé et remplacé par les articles 6 *et* 1er *du décret du* 9 *mars* 1852 :

« Huit inspecteurs généraux de l'enseignement supérieur, trois pour les lettres, trois pour les sciences, un pour le droit, un pour la médecine, sont chargés, sous l'autorité du ministre, de l'inspection des facultés, des écoles supérieures de pharmacie, des écoles préparatoires de médecine et de pharmacie et des établissements scientifiques et littéraires ressortissant au ministère de l'instruction publique.

Ils peuvent être chargés de missions extraordinaires dans les lycées nationaux et dans les établissements d'instruction secondaire libres.

Six inspecteurs généraux de l'enseignement secondaire, trois pour les lettres, trois pour les sciences, sont chargés, sous l'autorité du ministre, de l'inspection des lycées nationaux, des colléges communaux les plus importants et des établissements d'instruction secondaire libres.

Deux inspecteurs généraux de l'enseignement primaire[1] sont chargés des mêmes attributions en ce qui concerne l'instruction de ce degré. » (*Décret du* 9 *mars* 1852, *art.* 6, §§ 1er, 2, 3 et 4.)

« Le président de la république, sur la proposition du ministre de l'instruction publique, nomme et révoque..... les inspecteurs généraux..... » (*Ibid., art.* 1er.)

Article 20 (*modifié*).

§ 1. L'inspection de l'enseignement primaire est spécialement confiée à deux inspecteurs [supérieurs] (généraux)[1].

2. Il y a en outre, dans chaque arrondissement, un inspecteur de l'enseignement primaire [choisi] (nommé) par le ministre [après avis du conseil académique].

3. Néanmoins, sur l'avis du conseil [académique] (départemental), deux arrondissements pourront être réunis pour l'inspection.

1. Un décret du 15 février 1854 a porté à trois le nombre des inspecteurs généraux de l'enseignement primaire.

4. Un règlement déterminera le classement, les frais de tournée, l'avancement et les attributions des inspecteurs de l'enseignement primaire[1].

Le § 2 *a été modifié par l'article* 3 *du décret du* 9 *mars* 1852, *en ce qui concerne l'avis du conseil académique :*

« Le ministre, par délégation du président de la république, nomme et révoque..... les inspecteurs primaires..... » (*Décret du* 9 *mars* 1852, *art.* 3, § 1er.)

Article 21.

§ 1. L'inspection des écoles publiques s'exerce conformément aux règlements délibérés par le conseil supérieur.

2. Celle des écoles libres porte sur la moralité, l'hygiène et la salubrité.

3. Elle ne peut porter sur l'enseignement que pour vérifier s'il n'est pas contraire à la morale, à la constitution et aux lois.

Article 22.

§ 1. Tout chef d'établissement primaire ou secondaire qui refusera de se soumettre à la surveillance de l'État, telle qu'elle est prescrite par l'article précédent, sera traduit devant le tribunal correctionnel de l'arrondissement, et condamné à une amende de cent francs à mille francs.

2. En cas de récidive, l'amende sera de cinq cents francs à trois mille francs. Si le refus de se soumettre à la surveillance de l'État a donné lieu à deux condamnations dans l'année, la fermeture de l'établissement pourra être ordonnée par le jugement qui prononcera la seconde condamnation.

3. Le procès-verbal des inspecteurs constatant le refus du chef d'établissement fera foi jusqu'à inscription de faux.

1. Ces dispositions ont été réglées par un décret du 29 juillet 1850 et des arrêtés des 3 janvier 1851 et 20 janvier 1854.

TITRE II.

DE L'ENSEIGNEMENT PRIMAIRE.

CHAPITRE Ier.

DISPOSITIONS GÉNÉRALES.

Article 23.

§ 1. L'enseignement primaire comprend :
2. L'instruction morale et religieuse ;
3. La lecture ;
4. L'écriture ;
5. Les éléments de la langue française ;
6. Le calcul et le système légal des poids et mesures.
7. Il peut comprendre, en outre :
8. L'arithmétique appliquée aux opérations pratiques ;
9. Les éléments de l'histoire et de la géographie ;
10. Des notions des sciences physiques et de l'histoire naturelle, applicables aux usages de la vie ;
11. Des instructions élémentaires sur l'agriculture, l'industrie et l'hygiène ;
12. L'arpentage, le nivellement, le dessin linéaire ;
13. Le chant et la gymnastique.

Article 24.

L'enseignement primaire est donné gratuitement à tous les enfants dont les familles sont hors d'état de le payer[1].

CHAPITRE II.

DES INSTITUTEURS.

SECTION Ire. — DES CONDITIONS D'EXERCICE DE LA PROFESSION D'INSTITUTEUR PRIMAIRE PUBLIC OU LIBRE.

Article 25.

§ 1. Tout Français âgé de vingt et un ans accomplis peut exercer dans toute la France la profession d'instituteur

1. L'application de cette disposition a été réglementée par un décret du 31 décembre 1853.

primaire, public ou libre, s'il est muni d'un brevet de capacité.

2. Le brevet de capacité peut être suppléé par le certificat de stage dont il est parlé à l'article 47, par le diplôme de bachelier, par un certificat constatant qu'on a été admis dans une des écoles spéciales de l'État[1], ou par le titre de ministre, non interdit ni révoqué, de l'un des cultes reconnus par l'État.

Article 26.

Sont incapables de tenir une école publique ou libre, ou d'y être employés, les individus qui ont subi une condamnation pour crime ou pour un délit contraire à la probité ou aux mœurs, les individus privés par jugement de tout ou partie des droits mentionnés en l'article 42 du code pénal, et ceux qui ont été interdits en vertu des articles 30 et 33 de la présente loi.

SECTION II. — DES CONDITIONS SPÉCIALES AUX INSTITUTEURS LIBRES.

Article 27 (*modifié*).

§ 1. Tout instituteur qui veut ouvrir une école libre doit préalablement déclarer son intention au maire de la commune où il veut s'établir, lui désigner le local, et lui donner l'indication des lieux où il a résidé et des professions qu'il a exercées pendant les dix années précédentes.

2. Cette déclaration doit être, en outre, adressée par le postulant au [recteur de l'académie] (préfet du département), au procureur de la république et au sous-préfet.

3. Elle demeurera affichée, par les soins du maire, à la porte de la mairie pendant un mois.

Cet article a été modifié par les articles 8 *et* 9 *de la loi du* 14 *juin* 1854, *en ce qui concerne les attributions du recteur transférées au préfet :*

« Le préfet exerce, sous l'autorité du ministre de l'instruc-

1. Un décret du 31 mars 1851 fixe la liste des écoles spéciales dont le certificat d'admission équivaut au brevet de capacité.

tion publique, et sur le rapport de l'inspecteur d'académie, les attributions déférées au recteur par la loi du 15 mars 1850 et par le décret organique du 9 mars 1852, en ce qui concerne l'instruction primaire publique ou libre. » (*Loi du 14 juin 1854, art.* 8.)

« Sous l'autorité du préfet, l'inspecteur d'académie instruit les affaires relatives à l'enseignement primaire du département. » (*Ibid., art.* 9, § 1er.)

Article 28.

§ 1. Le [recteur] (préfet), soit d'office, soit sur la plainte du procureur de la république ou du sous-préfet, peut former opposition à l'ouverture de l'école, dans l'intérêt des mœurs publiques, dans le mois qui suit la déclaration à lui faite.

2. Cette opposition est jugée dans un bref délai, contradictoirement et sans recours, par le conseil [académique] (départemental).

3. Si le maire refuse d'approuver le local, il est statué à cet égard par ce conseil.

4. A défaut d'opposition, l'école peut être ouverte à l'expiration du mois, sans autre formalité.

Article 29.

§ 1. Quiconque aura ouvert ou dirigé une école en contravention aux articles 25, 26 et 27, ou avant l'expiration du délai fixé par le dernier paragraphe de l'article 28, sera poursuivi devant le tribunal correctionnel du lieu du délit, et condamné à une amende de cinquante francs à cinq cents francs.

2. L'école sera fermée.

3. En cas de récidive, le délinquant sera condamné à un emprisonnement de six jours à un mois et à une amende de cent francs à mille francs.

4. La même peine de six jours à un mois d'emprisonnement et de cent francs à mille francs d'amende sera prononcée contre celui qui, dans le cas d'opposition formée à l'ouverture de son école, l'aura néanmoins

ouverte avant qu'il ait été statué sur cette opposition, ou bien au mépris de la décision du conseil [académique] (départemental) qui aurait accueilli l'opposition.

5. Ne seront pas considérées comme tenant école, les personnes qui, dans un but purement charitable, et sans exercer la profession d'instituteur, enseigneront à lire et à écrire aux enfants, avec l'autorisation du délégué cantonal.

6. Néanmoins, cette autorisation pourra être retirée par le conseil [académique] (départemental).

Article 30.

§ 1. Tout instituteur libre, sur la plainte du [recteur] (préfet) ou du procureur de la république, pourra être traduit, pour cause de faute grave dans l'exercice de ses fonctions, d'inconduite ou d'immoralité, devant le conseil [académique du département] (départemental), et être censuré, suspendu pour un temps qui ne pourra excéder six mois, ou interdit de l'exercice de sa profession dans la commune où il exerce.

2. Le conseil [académique] (départemental) peut même le frapper d'une interdiction absolue. Il y aura lieu à appel devant le conseil supérieur de l'instruction publique.

3. Cet appel devra être interjeté dans le délai de dix jours à compter de la notification de la décision, et ne sera pas suspensif.

SECTION III. — DES INSTITUTEURS COMMUNAUX.

Article 31 (*modifié*).

§ 1. Les instituteurs communaux sont nommés par le [conseil municipal de chaque commune] (préfet)[1], et choisis soit sur une liste d'admissibilité et d'avancement dressée par le conseil [académique du département] (départemental), soit sur la présentation qui

1. Nul n'est nommé définitivement instituteur communal, s'il n'a dirigé pendant trois ans au moins une école en qualité d'instituteur suppléant, ou s'il n'a exercé pendant trois ans, à partir de sa vingt et unième année, les fonctions d'instituteur adjoint (*Décret du 31 décembre 1853, art. 1er*).

est faite par les supérieurs pour les membres des associations religieuses vouées à l'enseignement et autorisées par la loi ou reconnues comme établissements d'utilité publique.

2. Les consistoires jouissent du droit de présentation pour les instituteurs appartenant aux cultes non catholiques.

3. [Si le conseil municipal avait fait un choix non conforme à la loi, ou n'en avait fait aucun, il sera pourvu à la nomination par le conseil académique, un mois après la mise en demeure adressée au maire par le recteur.]

4. [L'institution est donnée par le ministre de l'instruction publique.]

Le § 1er a été modifié et les §§ 3 et 4 ont été abrogés par l'article 4 du décret du 9 mars 1852 et l'article 8 de la loi du 14 juin 1854 :

« Les [recteurs] (préfets), par délégation du ministre, nomment les instituteurs communaux, les conseils municipaux entendus, d'après le mode prescrit par les deux premiers paragraphes de l'article 31 de la loi du 15 mars 1850. » (*Décret du 9 mars 1852, art. 4.*)

L'article 8 de la loi du 14 juin 1854 (p. 17) a modifié l'article 4 du décret du 9 mars 1852, en ce qui concerne les attributions des recteurs déférées aux préfets.

Article 32.

§ 1. Il est interdit aux instituteurs communaux d'exercer aucune fonction administrative sans l'autorisation du conseil [académique] (départemental).

2. Toute profession commerciale ou industrielle leur est absolument interdite.

Article 33.

§ 1. Le [recteur] (préfet) peut, suivant les cas, réprimander, suspendre, avec ou sans privation totale ou partielle de traitement, pour un temps qui n'excédera pas six mois, ou révoquer l'instituteur communal.

2. L'instituteur révoqué est incapable d'exercer la profession d'instituteur, soit public, soit libre, dans la même commune.

3. Le conseil [académique] (départemental) peut, après l'avoir entendu ou dûment appelé, frapper l'instituteur communal d'une interdiction absolue, sauf appel devant le conseil supérieur de l'instruction publique dans le délai de dix jours à partir de la notification de la décision. Cet appel n'est pas suspensif.

4. En cas d'urgence, le maire peut suspendre provisoirement l'instituteur communal, à charge de rendre compte, dans les deux jours, au recteur.

Article 34.

§ 1. Le conseil [académique] (départemental) détermine les écoles publiques auxquelles, d'après le nombre des élèves, il doit être attaché un instituteur adjoint.

2. Les instituteurs adjoints peuvent n'être âgés que de dix-huit ans et ne sont pas assujettis aux conditions de l'article 25[1].

3. Ils sont nommés et révocables par l'instituteur, avec l'agrément du [recteur de l'académie] (préfet). Les instituteurs adjoints appartenant aux associations religieuses dont il est parlé dans l'article 31 sont nommés et peuvent être révoqués par les supérieurs de ces associations.

4. Le conseil municipal fixe le traitement des instituteurs adjoints. Ce traitement est à la charge exclusive de la commune.

Article 35.

§ 1. Tout département est tenu de pourvoir au recrutement des instituteurs communaux, en entretenant des élèves-maîtres, soit dans les établissements d'instruction primaire désignés par le conseil [académique] (départemental), soit aussi dans l'école normale établie à cet effet par le département.

2. Les écoles normales peuvent être supprimées par le conseil général du département; elles peuvent l'être

1. Les instituteurs suppléants doivent être âgés de vingt et un ans et être munis d'un brevet de capacité ou d'un titre équivalent (*Décret du 31 décembre 1853, art. 2*).

également par le ministre en conseil supérieur, sur le rapport du conseil [académique] (départemental), sauf, dans les deux cas, le droit acquis aux boursiers en jouissance de leur bourse.

3. Le programme de l'enseignement, les conditions d'entrée et de sortie, celles qui sont relatives à la nomination du personnel, et tout ce qui concerne les écoles normales, sera déterminé par un règlement délibéré en conseil supérieur[1].

CHAPITRE III.

DES ÉCOLES COMMUNALES.

Article 36.

§ 1. Toute commune doit entretenir une ou plusieurs écoles primaires.

2. Le conseil [académique du département] (départemental) peut autoriser une commune à se réunir à une ou plusieurs communes voisines pour l'entretien d'une école.

3. Toute commune a la faculté d'entretenir une ou plusieurs écoles entièrement gratuites, à la condition d'y subvenir sur ses propres ressources.

4. Le conseil [académique] (départemental) peut dispenser une commune d'entretenir une école publique, à condition qu'elle pourvoira à l'enseignement primaire gratuit, dans une école libre, de tous les enfants dont les familles sont hors d'état d'y subvenir. Cette dispense peut toujours être retirée.

5. Dans les communes où les différents cultes reconnus sont professés publiquement, des écoles séparées seront établies pour les enfants appartenant à chacun de ces cultes, sauf ce qui est dit à l'article 15.

6. La commune peut, avec l'autorisation du conseil [académique] (départemental), exiger que l'instituteur communal donne, en tout ou en partie, à son enseignement les développements dont il est parlé à l'article 23.

1. Ce règlement a été adopté par un arrêté du 24 mars 1851.

Article 37.

Toute commune doit fournir à l'instituteur un local convenable, tant pour son habitation que pour la tenue de l'école, le mobilier de classe, et un traitement.

Article 38.

§ 1. A dater du 1er janvier 1851, le traitement des instituteurs communaux se composera,

2. 1° D'un traitement fixe, qui ne peut être inférieur à deux cents francs ;

3. 2° Du produit de la rétribution scolaire ;

4. 3° D'un supplément accordé à tous ceux dont le traitement, joint au produit de la rétribution scolaire, n'atteint pas six cents francs[1].

5. Ce supplément sera calculé d'après le total de la rétribution scolaire pendant l'année précédente.

Article 39 (*abrogé*).

[Une caisse de retraites sera substituée, par un règlement d'administration publique, aux caisses d'épargne des instituteurs.]

Cet article a été abrogé par la loi du 9 *juin* 1853 *sur les pensions civiles.*

Article 40.

§ 1. A défaut de fondations, dons ou legs, le conseil municipal délibère sur les moyens de pourvoir aux dépenses de l'enseignement primaire dans la commune.

2. En cas d'insuffisance des revenus ordinaires, il est pourvu à ces dépenses au moyen d'une imposition spéciale votée par le conseil municipal, ou, à défaut du vote de ce conseil, établie par un décret du pouvoir exécutif. Cette imposition, qui devra être autorisée chaque année par la loi de finances, ne pourra excéder

1. Ce traitement peut être porté, par une allocation supplémentaire accordée par le ministre, à 700 fr. après cinq ans, et à 800 fr. après dix ans, en faveur des instituteurs communaux qui l'auront le plus mérité par leurs bons services. (*Décret du* 31 *décembre* 1853, *art.* 5.)

trois centimes additionnels au principal des quatre contributions directes.

3. Lorsque des communes, soit par elles-mêmes, soit en se réunissant à d'autres communes, n'auront pu subvenir, de la manière qui vient d'être indiquée, aux dépenses de l'école communale, il y sera pourvu sur les ressources ordinaires du département, ou, en cas d'insuffisance, au moyen d'une imposition spéciale votée par le conseil général, ou, à défaut du vote de ce conseil, établie par un décret. Cette imposition, autorisée chaque année par la loi de finances, ne devra pas excéder deux centimes additionnels au principal des quatre contributions directes.

4. Si les ressources communales et départementales ne suffisent pas, le ministre de l'instruction publique accordera une subvention sur le crédit qui sera porté annuellement pour l'enseignement primaire au budget de l'État.

5. Chaque année, un rapport annexé au projet de budget fera connaître l'emploi des fonds alloués pour l'année précédente.

Article 41.

§ 1. La rétribution scolaire est perçue dans la même forme que les contributions publiques directes; elle est exempte des droits de timbre, et donne droit aux mêmes remises que les autres recouvrements.

2. Néanmoins, sur l'avis conforme du conseil général, l'instituteur communal pourra être autorisé par le conseil [académique] (départemental) à percevoir lui-même la rétribution scolaire.

CHAPITRE IV.

DES DÉLÉGUÉS CANTONAUX, ET DES AUTRES AUTORITÉS PRÉPOSÉES A L'ENSEIGNEMENT PRIMAIRE.

Article 42.

§ 1. Le conseil [académique du département] (départemental) désigne un ou plusieurs délégués résidant dans chaque canton, pour surveiller les écoles publiques et libres du canton, et détermine les écoles particulièrement soumises à la surveillance de chacun.

2. Les délégués sont nommés pour trois ans; ils sont rééligibles et révocables. Chaque délégué correspond, tant avec le conseil [académique] (départemental), auquel il doit adresser ses rapports, qu'avec les autorités locales, pour tout ce qui regarde l'État et les besoins de l'enseignement primaire dans sa circonscription.

3. Il peut, lorsqu'il n'est pas membre du conseil [académique] (départemental), assister à ses séances, avec voix consultative pour les affaires intéressant les écoles de sa circonscription.

4. Les délégués se réunissent au moins une fois tous les trois mois au chef-lieu de canton, sous la présidence de celui d'entre eux qu'ils désignent, pour convenir des avis à transmettre au conseil [académique] (départemental).

Article 43.

§ 1. A Paris, les délégués nommés pour chaque arrondissement par le conseil [académique] (départemental) se réunissent au moins une fois tous les mois, avec le maire, un adjoint, le juge de paix, un curé de l'arrondissement et un ecclésiastique, ces deux derniers désignés par l'archevêque, pour s'entendre au sujet de la surveillance locale et pour convenir des avis à transmettre au conseil [académique] (départemental). Les ministres des cultes non catholiques reconnus, s'il y a dans l'arrondissement des écoles suivies par des enfants appartenant à ces cultes, assistent à ces réunions avec voix délibérative.

2. La réunion est présidée par le maire.

Article 44.

§ 1. Les autorités locales préposées à la surveillance et à la direction morale de l'enseignement primaire sont, pour chaque école, le maire, le curé, le pasteur ou délégué du culte israélite, et, dans les communes de deux mille âmes et au-dessus, un ou plusieurs habitants de la commune, délégués par le conseil [académique] (départemental).

2. Les ministres des différents cultes sont spécialement chargés de surveiller l'enseignement religieux de l'école.
3. L'entrée de l'école leur est toujours ouverte.
4. Dans les communes où il existe des écoles mixtes, un ministre de chaque culte aura toujours l'entrée de l'école pour veiller à l'éducation religieuse des enfants de son culte.
5. Lorsqu'il y a pour chaque culte des écoles séparées, les enfants d'un culte ne doivent être admis dans l'école d'un autre culte que sur la volonté formellement exprimée par les parents.

Article 45.

Le maire dresse chaque année, de concert avec les ministres des différents cultes, la liste des enfants qui doivent être admis gratuitement dans les écoles publiques[1]. Cette liste est approuvée par le conseil municipal, et définitivement arrêtée par le préfet.

Article 46.

§ 1. Chaque année, le conseil [académique] (départemental) nomme une commission d'examen chargée de juger publiquement, et à des époques déterminées par le [recteur] (préfet), l'aptitude des aspirants au brevet de capacité, quel que soit le lieu de leur domicile.
2. Cette commission se compose de sept membres, et choisit son président.
3. Un inspecteur d'arrondissement pour l'instruction primaire, un ministre du culte professé par le candidat, et deux membres de l'enseignement public ou libre, en font nécessairement partie.
4. L'examen ne portera que sur les matières comprises dans la première partie de l'article 23.
5. Les candidats qui voudront être examinés sur tout ou partie des autres matières spécifiées dans le même article, en feront la demande à la commission. Les brevets délivrés feront mention des matières spéciales sur

1. Un décret du 31 décembre 1853 a réglé l'application de cette disposition.

lesquelles les candidats auront répondu d'une manière satisfaisante.

Article 47.

§ 1. Le conseil [académique] (départemental) délivre, s'il y a lieu, des certificats de stage aux personnes qui justifient avoir enseigné pendant trois ans au moins les matières comprises dans la première partie de l'article 23, dans les écoles publiques ou libres autorisées à recevoir des stagiaires.

2. Les élèves-maîtres sont, pendant la durée de leur stage, spécialement surveillés par les inspecteurs de l'enseignement primaire.

CHAPITRE V.

DES ÉCOLES DE FILLES.

Article 48.

L'enseignement primaire dans les écoles de filles comprend, outre les matières de l'enseignement primaire énoncées dans l'article 23, les travaux à l'aiguille.

Article 49.

§ 1. Les lettres d'obédience tiendront lieu de brevet de capacité aux institutrices appartenant à des congrégations religieuses vouées à l'enseignement et reconnues par l'État.

2. L'examen des institutrices n'aura pas lieu publiquement.

Article 50 (*modifié*).

Tout ce qui se rapporte à l'examen des institutrices, à la surveillance et à l'inspection des écoles de filles, sera l'objet d'un règlement délibéré en conseil supérieur[1]. Les autres dispositions de la présente loi, relatives aux écoles et aux instituteurs, sont applicables aux écoles de filles et aux institutrices, à l'exception des articles 38, 39, 40 et 41.

Cet article a été modifié par l'article 4 du décret du 9 mars

1. Un décret du 31 décembre 1853 et un arrêté du 15 février 1853 ont réglé tout ce qui se rapporte à l'examen des institutrices et à la surveillance et à l'inspection des écoles de filles.

1852 *et l'article* 8 *de la loi du* 14 *juin* 1854, *en ce qui concerne la nomination des institutrices communales et les attributions des recteurs transférées aux préfets* (voy. l'art. 4, p. 20, et l'art. 8, p. 17).

Article 51.

§ 1. Toute commune de huit cents âmes de population et au-dessus est tenue, si ses propres ressources lui en fournissent les moyens, d'avoir au moins une école de filles, sauf ce qui est dit à l'article 15.

2. Le conseil [académique] (départemental) peut, en outre, obliger les communes d'une population inférieure à entretenir, si leurs ressources ordinaires le leur permettent, une école de filles; et, en cas de réunion de plusieurs communes pour l'enseignement primaire, il pourra, selon les circonstances, décider que l'école de garçons et l'école de filles seront dans deux communes différentes. Il prend l'avis du conseil municipal.

Article 52.

Aucune école primaire, publique ou libre, ne peut, sans l'autorisation du conseil [académique] (départemental), recevoir d'enfants des deux sexes, s'il existe dans la commune une école publique ou libre de filles.

CHAPITRE VI.

INSTITUTIONS COMPLÉMENTAIRES.

SECTION Ire. — DES PENSIONNATS PRIMAIRES.

Article 53.

§ 1. Tout Français âgé de vingt-cinq ans, ayant au moins cinq années d'exercice comme instituteur, ou comme maître dans un pensionnat primaire, et remplissant les conditions énumérées en l'article 25, peut ouvrir un pensionnat primaire, après avoir déclaré son intention au [recteur de l'académie] (préfet du département) et au maire de la commune. Toutefois, les instituteurs communaux ne pourront ouvrir de pensionnat qu'avec l'autorisation du conseil [académique] (départemental), sur l'avis du conseil municipal.

2. Le programme de l'enseignement et le plan du local doivent être adressés au maire et au [recteur] (préfet).

3. Le conseil [académique] (départemental) prescrira, dans l'intérêt de la moralité et de la santé des élèves, toutes les mesures qui seront indiquées dans un règlement délibéré par le conseil supérieur[1].
4. Les pensionnats primaires sont soumis aux prescriptions des articles 26, 27, 28, 29 et 30 de la présente loi, et à la surveillance des autorités qu'elle institue.
5. Ces dispositions sont applicables aux pensionnats de filles en tout ce qui n'est pas contraire aux conditions prescrites par le chapitre v de la présente loi[2].

SECTION II. — DES ÉCOLES D'ADULTES ET D'APPRENTIS.

Article 54 (*modifié*).

§ 1. Il peut être créé des écoles primaires communales pour les adultes au-dessus de dix-huit ans, pour les apprentis au-dessus de douze ans.
2. Le [conseil académique] (préfet) désigne les instituteurs chargés de diriger les écoles communales d'adultes et d'apprentis.
3. Il ne peut être reçu dans ces écoles d'élèves des deux sexes.

Le **§ 2** *a été modifié par l'article* **4** *du décret du* **9** *mars* **1852** *et l'article* **8** *de la loi du* **14** *juin* **1854**, *en ce qui concerne la nomination des instituteurs chargés de la direction des écoles communales d'adultes et d'apprentis* (voy. l'art. 4, p. 20, et l'art. 8, p. 17).

Article 55.

Les articles 27, 28, 29 et 30 sont applicables aux instituteurs libres qui veulent ouvrir des écoles d'adultes ou d'apprentis.

Article 56.

§ 1. Il sera ouvert, chaque année, au budget du ministre de l'instruction publique, un crédit pour encourager les auteurs de livres ou de méthodes utiles à l'instruction primaire, et à la fondation d'institutions, telles que

1. Un décret du 30 décembre 1850 a réglé les mesures à prendre dans l'intérêt de la moralité et de la santé des élèves.
2. Un décret du 31 décembre 1853 a complété ces dispositions pour les pensionnats de filles.

2. Les écoles du dimanche,
3. Les écoles dans les ateliers et les manufactures,
4. Les classes dans les hôpitaux,
5. Les cours publics ouverts conformément à l'article 77,
6. Les bibliothèques de livres utiles,
7. Et autres institutions dont les statuts auront été soumis à l'examen de l'autorité compétente.

SECTION III. — DES SALLES D'ASILE.

Article 57.

§ 1. Les salles d'asile sont publiques ou libres.

2. Un décret du président de la république, rendu sur l'avis du conseil supérieur[1], déterminera tout ce qui se rapporte à la surveillance et à l'inspection de ces établissements, ainsi qu'aux conditions d'âge, d'aptitude, de moralité, des personnes qui seront chargées de la direction et du service dans les salles d'asile publiques.
3. Les infractions à ce décret seront punies des peines établies par les articles 29, 30 et 33 de la présente loi.
4. Ce décret déterminera également le programme de l'enseignement et des exercices dans les salles d'asile publiques, et tout ce qui se rapporte au traitement des personnes qui y seront chargees de la direction ou du service.

Article 58 (*modifié*).

Les personnes chargées de la direction des salles d'asile publiques seront nommées par le [conseil municipal, sauf l'approbation du conseil académique] (préfet).

Cet article a été modifié par l'article 4 du décret du 9 mars 1852 et l'article 8 de la loi du 14 juin 1854, en ce qui concerne la nomination des personnes chargées de la direction des salles d'asile publiques (voy. l'art. 4, p. 20, et l'art. 8, p. 17.)

Article 59.

Les salles d'asile libres peuvent recevoir des secours sur les budgets des communes, des départements et de l'État.

1. Un décret du 16 mai 1854 a institué un comité central de patronage des salles d'asile.

TITRE III.

DE L'INSTRUCTION SECONDAIRE.

CHAPITRE Ier.

DES ÉTABLISSEMENTS PARTICULIERS D'INSTRUCTION SECONDAIRE.

Article 60 (*modifié*).

§ 1. Tout Français âgé de vingt-cinq ans au moins, et n'ayant encouru aucune des incapacités comprises dans l'article 26 de la présente loi, peut former un établissement d'instruction secondaire, sous la condition de faire [au recteur de l'académie] (à l'inspecteur d'académie du département) où il se propose de s'établir les déclarations prescrites par l'article 27, et, en outre, de déposer entre ses mains les pièces suivantes, dont il lui sera donné récépissé :

2. 1° Un certificat de stage constatant qu'il a rempli, pendant cinq ans au moins, les fonctions de professeur ou de surveillant dans un établissement d'instruction secondaire public ou libre ;

3. 2° Soit le diplôme de bachelier, soit un brevet de capacité délivré par un jury d'examen dans la forme déterminée par l'article 62 ;

4. 3° Le plan du local, et l'indication de l'objet de l'enseignement.

5. [Le recteur] (L'inspecteur d'académie) à qui le dépôt des pièces aura été fait en donnera avis au préfet du département et au procureur de la république de l'arrondissement dans lequel l'établissement devra être fondé.

6. Le ministre, sur la proposition des conseils [académiques] (départementaux) et l'avis conforme du conseil supérieur, peut accorder des dispenses de stage.

Cet article a été modifié par l'article 9 *de la loi du* 14 *juin* 1854, *en ce qui concerne les attributions des recteurs transférées à l'inspecteur d'académie :*

« Sous l'autorité du recteur, l'inspecteur d'académie dirige l'administration des collèges et lycées, et exerce, en ce qui concerne l'enseignement secondaire libre, les attributions déférées au recteur par la loi du 15 mars 1850. » (*Loi du 14 juin 1854, art.* 9, § 2.)

Article 61.

§ 1. Les certificats de stage sont délivrés par le conseil [académique] (départemental), sur l'attestation des chefs des établissements où le stage aura été accompli.

2. Toute attestation fausse sera punie des peines portées en l'article 160 du code pénal.

Article 62.

§ 1. Tous les ans, le ministre nomme, sur la présentation du conseil [académique] (départemental), un jury chargé d'examiner les aspirants au brevet de capacité. Ce jury est composé de sept membres, y compris [le recteur] (l'inspecteur d'académie), qui le préside.

2. Un ministre du culte professé par le candidat et pris dans le conseil [académique] (départemental), s'il n'y en a déjà un dans le jury, sera appelé avec voix délibérative.

3. Le ministre, sur l'avis du conseil supérieur de l'instruction publique, instituera des jurys spéciaux pour l'enseignement professionnel.

4. Les programmes d'examen seront arrêtés par le conseil supérieur.

5. Nul ne pourra être admis à subir l'examen de capacité avant l'âge de vingt-cinq ans.

Article 63.

§ 1. Aucun certificat d'études ne sera exigé des aspirants au diplôme de bachelier ou au brevet de capacité.

2. Le candidat peut choisir la faculté ou le jury académique devant lequel il subira son examen.

3. Un candidat refusé ne peut se présenter avant trois mois à un nouvel examen, sous peine de nullité du diplôme ou brevet indûment obtenu.

Article 64.

§1. Pendant le mois qui suit le dépôt des pièces requises par l'article 60, [le recteur] (l'inspecteur d'académie), le préfet et le procureur de la république peuvent se pourvoir devant le conseil [académique] (départemental), et s'opposer à l'ouverture de l'établissement, dans l'intérêt des mœurs publiques ou de la santé des élèves.

2. Après ce délai, s'il n'est intervenu aucune opposition, l'établissement peut être immédiatement ouvert.

3. En cas d'opposition, le conseil [académique] (départemental) prononce, la partie entendue ou dûment appelée, sauf appel devant le conseil supérieur de l'instruction publique.

Article 65.

Est incapable de tenir un établissement public ou libre d'instruction secondaire, ou d'y être employé, quiconque est atteint de l'une des incapacités déterminées par l'article 26 de la présente loi, ou qui, ayant appartenu à l'enseignement public, a été révoqué avec interdiction, conformément à l'article 14.

Article 66.

§1. Quiconque, sans avoir satisfait aux conditions prescrites par la présente loi, aura ouvert un établissement d'instruction secondaire, sera poursuivi devant le tribunal correctionnel du lieu du délit et condamné à une amende de cent francs à mille francs. L'établissement sera fermé.

2. En cas de récidive, ou si l'établissement a été ouvert avant qu'il ait été statué sur l'opposition, ou contrairement à la décision du conseil [académique] (départemental) qui l'aurait accueillie, le délinquant sera condamné à un emprisonnement de quinze jours à un mois et à une amende de mille à trois mille francs.

3. Les ministres des différents cultes reconnus peuvent donner l'instruction secondaire à quatre jeunes gens

au plus, destinés aux écoles ecclésiastiques, sans être soumis aux prescriptions de la présente loi, à la condition d'en faire la déclaration au recteur.

4. Le conseil [académique] (départemental) veille à ce que ce nombre ne soit pas dépassé.

Article 67.

§ 1. En cas de désordre grave dans le régime intérieur d'un établissement libre d'instruction secondaire, le chef de cet établissement peut être appelé devant le conseil [académique] (départemental) et soumis à la réprimande avec ou sans publicité.

2. La réprimande ne donne lieu à aucun recours.

Article 68.

§ 1. Tout chef d'établissement libre d'instruction secondaire, toute personne attachée à l'enseignement ou à la surveillance d'une maison d'éducation, peut, sur la plainte du ministère public ou [du recteur] (de l'inspecteur d'académie), être traduit, pour cause d'inconduite ou d'immoralité, devant le conseil [académique] (départemental), et être interdit de sa profession, à temps ou à toujours, sans préjudice des peines encourues pour crimes ou délits prévus par le code pénal.

2. Appel de la décision rendue peut toujours avoir lieu, dans les quinze jours de la notification, devant le conseil supérieur.

3. L'appel ne sera pas suspensif.

Article 69.

§ 1. Les établissements libres peuvent obtenir des communes, des départements ou de l'État, un local et une subvention, sans que cette subvention puisse excéder le dixième des dépenses annuelles de l'établissement.

2. Les conseils [académiques] (départementaux) sont appelés à donner leur avis préalable sur l'opportunité de ces subventions.

3. Sur la demande des communes, les bâtiments compris dans l'attribution générale faite à l'Université par le

décret du 11 décembre 1808 pourront être affectés à ces établissements par décret du pouvoir exécutif.

Article 70.

§ 1. Les écoles secondaires ecclésiastiques actuellement existantes sont maintenues, sous la seule condition de rester soumises à la surveillance de l'État.

2. Il ne pourra en être établi de nouvelles sans l'autorisation du gouvernement.

CHAPITRE II.

DES ÉTABLISSEMENTS PUBLICS D'INSTRUCTION SECONDAIRE.

Article 71.

§ 1. Les établissements publics d'instruction secondaire sont les lycées et les colléges communaux.

2. Il peut y être annexé des pensionnats.

Article 72.

§ 1. Les lycées sont fondés et entretenus par l'État, avec le concours des départements et des villes.

2. Les colléges communaux sont fondés et entretenus par les communes.

3. Ils peuvent être subventionnés par l'État.

Article 73.

§ 1. Toute ville dont le collége communal sera, sur la demande du conseil municipal, érigé en lycée devra faire les dépenses de construction et d'appropriation requises à cet effet, fournir le mobilier et les collections nécessaires à l'enseignement, assurer l'entretien et la réparation des bâtiments.

2. Les villes qui voudront établir un pensionnat près du lycée devront fournir le local et le mobilier nécessaires, et fonder pour dix ans, avec ou sans le con-

cours du département, un nombre de bourses fixé de gré à gré avec le ministre. A l'expiration des dix ans, les villes et départements seront libres de supprimer les bourses, sauf le droit acquis aux boursiers en jouissance de leur bourse.

3. Dans le cas où l'État voudrait conserver le pensionnat, le local et le mobilier resteront à sa disposition, et ne feront retour à la commune que lors de la suppression de cet établissement.

Article 74.

§ 1. Pour établir un collége communal, toute ville doit satisfaire aux conditions suivantes : fournir un local approprié à cet usage, et en assurer l'entretien; placer et entretenir dans ce local le mobilier nécessaire à la tenue des cours, et à celle du pensionnat, si l'établissement doit recevoir des élèves internes; garantir pour cinq ans au moins le traitement fixe du principal et des professeurs, lequel sera considéré comme dépense obligatoire pour la commune, en cas d'insuffisance des revenus propres du collége, de la rétribution collégiale payée par les externes et des produits du pensionnat.

2. Dans le délai de deux ans, les villes qui ont fondé des colléges communaux en dehors de ces conditions devront y avoir satisfait.

Article 75.

L'objet et l'étendue de l'enseignement dans chaque collége communal seront déterminés, eu égard aux besoins de la localité, par le ministre de l'instruction publique, en conseil supérieur, sur la proposition du conseil municipal et l'avis du conseil académique [1].

Article 76 (*abrogé*).

§ 1. [Le ministre prononce disciplinairement contre les membres de l'instruction secondaire publique, suivant la gravité des cas :

2. [1° La réprimande devant le conseil académique;

3. [2° La censure devant le conseil supérieur;

1. Les dispositions de cet article n'ont plus d'application depuis le décret du 10 avril 1852.

4. [3° La mutation pour un emploi inférieur;
5. [4° La suspension des fonctions, pour une année au plus, avec ou sans privation totale ou partielle du traitement;
6. [5° Le retrait d'emploi, après avoir pris l'avis du conseil supérieur ou de la section permanente.
7. [Le ministre peut prononcer les mêmes peines, à l'exception de la mutation pour un emploi inférieur, contre les professeurs de l'enseignement supérieur.
8. [Le retrait d'emploi ne peut être prononcé contre eux que sur l'avis conforme du conseil supérieur.
9. [La révocation aura lieu dans les formes prévues par l'article 14.]

Cet article a été abrogé et remplacé par les articles 1, 3 *et* 8 *du décret du* 9 *mars* 1852 :

« Le président de la république, sur la proposition du ministre de l'instruction publique, nomme et révoque..... les professeurs des facultés.....» (*Décret du* 9 *mars* 1852, *art.* 1.)

« Le ministre, par délégation du président de la république, nomme et révoque..... les fonctionnaires et professeurs des écoles préparatoires de médecine et de pharmacie, les fonctionnaires et professeurs de l'enseignement secondaire public..... » (*Ibid.*, *art.* 3, § 1er.)

« En cas d'urgence, les recteurs peuvent, par mesure administrative, suspendre un professeur de l'enseignement public secondaire ou supérieur, à la charge d'en rendre compte immédiatement au ministre, qui maintient ou lève la suspension.» (*Ibid.*, *art.* 8.)

« Le ministre prononce directement et sans recours contre les membres de l'enseignement secondaire public :

La réprimande devant le conseil académique,

La censure devant le conseil supérieur,

La mutation,

La suspension des fonctions avec ou sans privation totale ou partielle de traitement,

La révocation.

Il peut prononcer les mêmes peines contre les membres de l'enseignement supérieur, à l'exception de la révocation, qui est prononcée, sur sa proposition, par un décret du président de la république. » (*Ibid.*, *art.* 3, §§ 2 *et* 3.)

TITRE IV.

DISPOSITIONS GÉNÉRALES.

Article 77.

§1. Les dispositions de la présente loi concernant les écoles primaires ou secondaires sont applicables aux cours publics sur les matières de l'enseignement primaire ou secondaire.

2. Les conseils [académiques] (départementaux) peuvent, selon les degrés de l'enseignement, dispenser ces cours de l'application des dispositions qui précèdent, et spécialement de l'application du dernier paragraphe de l'article 54.

Article 78.

Les étrangers peuvent être autorisés à ouvrir ou diriger des établissements d'instruction primaire ou secondaire, aux conditions déterminées par un règlement délibéré en conseil supérieur[1].

Article 79.

Les instituteurs adjoints des écoles publiques, les jeunes gens qui se préparent à l'enseignement primaire public dans les écoles désignées à cet effet, les membres ou novices des associations religieuses vouées à l'enseignement et autorisées par la loi, ou reconnues comme établissements d'utilité publique, les élèves de l'école normale supérieure, les maîtres d'étude, régents et professeurs des colléges et lycées, sont dispensés du service militaire, s'ils ont, avant l'époque fixée pour le tirage, contracté devant [le recteur] (l'inspecteur d'académie ou le préfet du département) [2] l'engagement de se vouer pendant dix ans à l'enseignement public, et s'ils réalisent cet engagement.

1. Un décret du 5 décembre 1850 a fixé ces conditions.

2. L'engagement a lieu devant l'inspecteur d'académie pour les membres de l'instruction secondaire et devant le préfet pour les membres de l'instruction primaire. Cet engagement doit être contracté et réalisé avant le tirage au sort.

Article 80.

L'article 463 du code pénal pourra être appliqué aux délits prévus par la présente loi.

Article 81.

Un règlement d'administration publique déterminera les dispositions de la présente loi qui seront applicables à l'Algérie[1].

Article 82.

Sont abrogées toutes les dispositions des lois, décrets ou ordonnances contraires à la présente loi.

DISPOSITIONS TRANSITOIRES.

Article 83.

§1. Les chefs ou directeurs d'établissements d'instruction secondaire ou primaire libres, maintenant en exercice, continueront d'exercer leur profession sans être soumis aux prescriptions des articles 53 et 60.

2. Ceux qui en ont interrompu l'exercice pourront le reprendre sans être soumis à la condition du stage.

3. Le temps passé par les professeurs et les surveillants dans ces établissements leur sera compté pour l'accomplissement du stage prescrit par ledit article.

Article 84.

§1. [La présente loi ne sera exécutoire qu'à dater du 1er septembre 1850.

2. [Les autorités actuelles continueront d'exercer leurs fonctions jusqu'à cette époque.

3. [Néanmoins, le conseil supérieur pourra être constitué et il pourra être convoqué par le ministre avant le 1er septembre 1850; et, dans ce cas, les articles 1, 2, 3, 4, l'article 5, à l'exception de l'avant-dernier paragraphe, les articles 6 et 76 de la présente loi, deviendront immédiatement applicables.

1. D'après un sénatus-consulte du 3 mai 1854, ce réglement sera fait par de simples décrets de l'empereur. Un arrêté du 30 décembre 1853 a fixé le taux du traitement des instituteurs et des institutrices publics et a réglé les dispositions relatives à l'enseignement gratuit.

4. [La loi du 11 janvier 1850 est prorogée jusqu'au 1er septembre 1850.

5. [Dans le cas où le conseil supérieur aurait été constitué avant cette époque, l'appel des instituteurs révoqués sera jugé par le ministre de l'instruction publique, en section permanente du conseil supérieur.]

Article 85 (*abrogé*).

[Jusqu'à la promulgation de la loi sur l'enseignement supérieur, le conseil supérieur de l'instruction publique et sa section permanente, selon leur compétence respective, exerceront, à l'égard de cet enseignement, les attributions qui appartenaient au conseil de l'Université, et les nouveaux conseils académiques, les attributions qui appartenaient aux anciens.]

Cet article a été abrogé et remplacé par les articles 2, 3 *et* 8 *du décret du* 9 *mars* 1852, *et les articles* 4, 13 *et* 14 *de la loi du* 14 *juin* 1854[1] :

« A partir du 1er janvier 1855, les établissements d'enseignement supérieur, chargés de la collation des grades, formeront un service spécial subventionné par l'État; le budget de ce service spécial sera annexé à celui du ministère de l'instruction publique et des cultes; le compte des recettes et des dépenses sera annexé à la loi des comptes, conformément à l'article 17 de la loi du 9 juillet 1836.

Les fonds destinés à acquitter les dépenses régulièrement effectuées, qui n'auraient pu recevoir leur emploi dans le cours de l'exercice, seront reportés, après clôture, sur l'exercice en cours d'exécution; les fonds restés libres seront cumulés avec les ressources du budget nouveau. » (*Loi du* 14 *juin* 1854, *art.* 13.)

« Un décret, rendu en la forme des règlements d'administration publique, déterminera le tarif des droits d'inscription, d'examen et de diplôme à percevoir dans les établissements d'enseignement supérieur chargés de la collation des grades.

Un décret, rendu en la même forme, après avis du conseil impérial de l'instruction publique, réglera les conditions d'âge et d'études pour l'admission aux grades, sans qu'il puisse être dérogé à l'article 63 de la loi du 15 mars 1850. » (*Ibid., art.* 14.)

1. Voyez les articles 2, 3 et 8 du décret-loi du 9 mars 1852 (p. 41) et l'article 4 de la loi du 14 juin 1854 (p. 46).

DÉCRET-LOI

SUR L'INSTRUCTION PUBLIQUE

Du 9 Mars 1852.

CHAPITRE Ier.

DE L'AUTORITÉ SUPÉRIEURE DE L'ENSEIGNEMENT PUBLIC.

Art. 1er. Le président de la république, sur la proposition du ministre de l'instruction publique, nomme et révoque les membres du conseil supérieur, les inspecteurs généraux, les recteurs, les professeurs des facultés, du collége de France, du muséum d'histoire naturelle, de l'école des langues orientales vivantes, les membres du bureau des longitudes et de l'observatoire de Paris et de Marseille, les administrateurs et conservateurs des bibliothèques publiques.

Art. 2. Quand il s'agit de pourvoir à la nomination d'un professeur titulaire dans une faculté, le ministre propose au président de la république un candidat choisi, soit parmi les docteurs âgés de trente ans au moins, soit sur une double liste de présentation qui est nécessairement demandée à la faculté où la vacance se produit et au conseil académique.

Le même mode de nomination est suivi dans les facultés des lettres, des sciences, de droit, de médecine, et dans les écoles supérieures de pharmacie.

En cas de vacance d'une chaire au collége de France, au muséum d'histoire naturelle, à l'école des langues orientales vivantes, ou d'une place au bureau des longitudes, à l'observatoire de Paris et de Marseille, les professeurs ou membres de ces établissements présentent deux candidats ; la classe correspondante de l'Institut en présente également deux. Le ministre peut, en outre, proposer au choix du président de la république un candidat désigné par ses travaux.

Art. 3. Le ministre, par délégation du président de la république, nomme et révoque les professeurs de l'école nationale des chartes, les inspecteurs d'académie, les membres des conseils académiques qui procédaient précédemment de l'élection, les fonctionnaires et professeurs des écoles préparatoires de médecine et de pharmacie, les fonctionnaires et professeurs de l'enseignement secondaire public, les inspecteurs primaires, les employés des bibliothèques publiques, et généralement toutes les personnes attachées à des établissements d'instruction publique appartenant à l'État.

Il prononce directement et sans recours contre les membres de l'enseignement secondaire public :

La réprimande devant le conseil académique,

La censure devant le conseil supérieur,

La mutation,

La suspension des fonctions avec ou sans privation totale ou partielle de traitement,

La révocation.

Il peut prononcer les mêmes peines contre les membres de l'enseignement supérieur, à l'exception de la révocation, qui est prononcée, sur sa proposition, par un décret du président de la république.

Art. 4. Les [recteurs] (préfets)[1], par délégation du ministre, nomment les instituteurs communaux, les conseils municipaux entendus, d'après le mode prescrit par les deux premiers paragraphes de l'art. 31 de la loi du 15 mars 1850[2].

CHAPITRE II.

DU CONSEIL SUPÉRIEUR DE L'INSTRUCTION PUBLIQUE.

Art. 5. Le conseil supérieur se compose :

De trois membres du sénat,

De trois membres du conseil d'État,

1. Les attributions données aux recteurs par cet article ont été déférées aux préfets par l'article 8 de la loi du 14 juin 1854.

2. Voyez, page 19, l'article 31 de la loi du 15 mars 1850.

De cinq archevêques ou évêques,
De trois ministres des cultes non catholiques,
De trois membres de la cour de cassation,
De cinq membres de l'Institut,
De huit inspecteurs généraux,
De deux membres de l'enseignement libre.

Les membres du conseil supérieur sont nommés pour un an.

Le ministre préside le conseil et détermine l'ouverture des sessions, qui auront lieu au moins deux fois par an.

CHAPITRE III.

DES INSPECTEURS GÉNÉRAUX DE L'INSTRUCTION PUBLIQUE.

Art. 6. Huit inspecteurs généraux de l'enseignement supérieur,
Trois pour les lettres,
Trois pour les sciences,
Un pour le droit,
Un pour la médecine,
sont chargés, sous l'autorité du ministre, de l'inspection des facultés, des écoles supérieures de pharmacie, des écoles préparatoires de médecine et de pharmacie, et des établissements scientifiques et littéraires ressortissant au ministère de l'instruction publique.

Ils peuvent être chargés de missions extraordinaires dans les lycées nationaux et dans les établissements d'instruction secondaire libres.

Six inspecteurs généraux de l'enseignement secondaire,
Trois pour les lettres,
Trois pour les sciences,
sont chargés, sous l'autorité du ministre, de l'inspection des lycées nationaux, des collèges communaux les plus importants et des établissements d'instruction secondaire libres.

Deux inspecteurs généraux de l'enseignement primaire[1] sont chargés des mêmes attributions en ce qui concerne l'instruction de ce degré.

1. Un décret du 15 février 1851 a porté à trois le nombre des inspecteurs généraux de l'enseignement primaire.

Le ministre peut appeler au conseil supérieur, pour des questions spéciales, avec voix consultative, des inspecteurs généraux qui n'auraient pas été désignés pour en faire partie.

CHAPITRE IV.

DISPOSITIONS PARTICULIÈRES.

Art. 7. Un nouveau plan d'études sera discuté par le conseil supérieur dans sa prochaine session [1].

Art. 8. En cas d'urgence, les recteurs peuvent, par mesure administrative, suspendre un professeur de l'enseignement public secondaire ou supérieur, à la charge d'en rendre compte immédiatement au ministre, qui maintient ou lève la suspension.

Art. 9. Les professeurs, les gens de lettres, les savants et les artistes dépendant du ministère de l'instruction publique ne peuvent cumuler que deux fonctions rétribuées sur les fonds du trésor public.

Le montant des traitements cumulés, tant fixes qu'éventuels, pourra s'élever à 20,000 fr.

Art. 10. [A l'avenir, la liquidation des pensions de retraite des fonctionnaires de l'instruction publique n'aura lieu qu'après avis de la section des finances du conseil d'État] [2].

Art. 11. Sont maintenues les dispositions de la loi du 15 mars 1850 qui ne sont pas contraires au présent décret.

Art. 12. Le ministre de l'instruction publique et des cultes est chargé de l'exécution du présent décret, qui sera inséré au *Bulletin des lois*.

1. Ce nouveau plan d'études a été fixé par un décret du 10 avril 1852.

2. Cet article a été modifié par la loi du 9 juin 1853 sur les pensions civiles.

LOI

SUR L'INSTRUCTION PUBLIQUE

Du 14 Juin 1854.

TITRE Ier.

DE L'ADMINISTRATION DE L'INSTRUCTION PUBLIQUE.

Art. 1er. La France est divisée en seize circonscriptions académiques, dont les chefs-lieux sont : Aix, Besançon, Bordeaux, Caen, Clermont, Dijon, Douai, Grenoble, Lyon, Montpellier, Nancy, Paris, Poitiers, Rennes, Strasbourg, Toulouse.

Art. 2. Chacune des académies est administrée par un recteur, assisté d'autant d'inspecteurs d'académie qu'il y a de départements dans la circonscription.

Un décret déterminera le nombre des inspecteurs d'académie du département de la Seine.

Art. 3. Il y a au chef-lieu de chaque académie un conseil académique, composé :

1° Du recteur, président;

2° Des inspecteurs de la circonscription;

3° Des doyens des facultés;

4° De sept membres choisis, tous les trois ans, par le ministre de l'instruction publique :

Un parmi les archevêques ou évêques de la circonscription;

Deux parmi les membres du clergé catholique ou parmi les ministres des cultes non catholiques reconnus;

Deux dans la magistrature;

Deux parmi les fonctionnaires publics ou autres personnes notables de la circonscription.

Art. 4. Le conseil académique veille au maintien des méthodes d'enseignement prescrites par le ministre, en conseil impérial de l'instruction publique, et qui doivent être suivies dans les écoles publiques d'instruction primaire, secondaire ou supérieure du ressort.

Il donne son avis sur les questions d'administration, de finances ou de discipline, qui intéressent les colléges communaux, les lycées et les établissements d'enseignement supérieur.

Art. 5. Il y a au chef-lieu de chaque département un conseil départemental de l'instruction publique, composé :

1° Du préfet, président;

2° De l'inspecteur d'académie;

3° D'un inspecteur de l'instruction primaire désigné par le ministre;

4° Des membres que les paragraphes 5, 6, 7, 8, 9, 10 et 11 de l'article 10 de la loi du 15 mars 1850[1] appelaient à siéger dans les anciens conseils, et dont le mode de désignation demeure réglé conformément à ladite loi et à l'article 3 du décret du 9 mars 1852[2].

Art. 6. Pour le département de la Seine, le conseil départemental de l'instruction publique se compose :

1° Du préfet, président;

2° Du recteur de l'académie de Paris, vice-président;

3° De deux des inspecteurs d'académie attachés au département de la Seine;

4° De deux inspecteurs de l'instruction primaire dudit département;

5° Des membres que les paragraphes 4, 5, 6, 7, 8, 11, 12, 13, 14 et 15 de l'article 11 de la loi du 15 mars 1850[3] appelaient à faire partie de l'ancien conseil académique de la Seine, et dont le mode de désignation demeure réglé con-

1. Voyez, page 6, ces paragraphes de l'article 10 de la loi du 15 mars 1850.

2. Voyez, page 42, l'article 3 du décret du 9 mars 1852.

3. Voyez, page 8, ces paragraphes de l'article 11 de la loi du 15 mars 1850.

formément à ladite loi et à l'article 3 du décret du 9 mars 1852.

Art. 7. Le conseil départemental de l'instruction publique exerce, en ce qui concerne les affaires de l'instruction primaire et les affaires disciplinaires et contentieuses relatives aux établissements particuliers d'instruction secondaire, les attributions déférées au conseil académique par la loi du 15 mars 1850.

Les appels de ses décisions, dans les matières qui intéressent la liberté d'enseignement, sont portés directement devant le conseil impérial de l'instruction publique, en conformité des dispositions de ladite loi.

Art. 8. Le préfet exerce, sous l'autorité du ministre de l'instruction publique, et sur le rapport de l'inspecteur d'académie, les attributions déférées au recteur par la loi du 15 mars 1850 et par le décret organique du 9 mars 1852, en ce qui concerne l'instruction primaire publique ou libre.

Art. 9. Sous l'autorité du préfet, l'inspecteur d'académie instruit les affaires relatives à l'enseignement primaire du département.

Sous l'autorité du recteur, il dirige l'administration des colléges et lycées, et exerce, en ce qui concerne l'enseignement secondaire libre, les attributions déférées au recteur par la loi du 15 mars 1850.

Art. 10. Le local de l'académie, le mobilier du conseil académique et des bureaux du recteur, sont fournis par la ville chef-lieu.

Le local et le mobilier nécessaires à la réunion du conseil départemental, et les bureaux de l'inspecteur d'académie, ainsi que les frais de bureau, sont à la charge du département.

Ces dépenses sont obligatoires.

Art. 11. Un décret, rendu en la forme des règlements d'administration publique, déterminera les circonscriptions des académies, ainsi que tout ce qui concerne la réunion et la tenue des conseils académiques et départementaux.

Art. 12. Les dispositions du présent titre sont exécutoires à partir du 1er septembre 1854.

TITRE II.

DISPOSITIONS SPÉCIALES AUX ÉTABLISSEMENTS D'ENSEIGNEMENT SUPÉRIEUR.

Art. 13. A partir du 1er janvier 1855, les établissements d'enseignement supérieur, chargés de la collation des grades, formeront un service spécial subventionné par l'État; le budget de ce service spécial sera annexé à celui du ministère de l'instruction publique et des cultes; le compte des recettes et des dépenses sera annexé à la loi des comptes, conformément à l'article 17 de la loi du 9 juillet 1836[1].

Les fonds destinés à acquitter les dépenses régulièrement effectuées, qui n'auraient pu recevoir leur emploi dans le cours de l'exercice, seront reportés, après clôture, sur l'exercice en cours d'exécution; les fonds restés libres seront cumulés avec les ressources du budget nouveau.

Art. 14. Un décret, rendu en la forme des règlements d'administration publique, déterminera le tarif des droits d'inscription, d'examen et de diplôme à percevoir dans les établissements d'enseignement supérieur chargés de la collation des grades.

Un décret, rendu en la même forme, après avis du conseil impérial de l'instruction publique, règlera les conditions d'âge et d'études pour l'admission aux grades, sans qu'il puisse être dérogé à l'article 63 de la loi du 15 mars 1850[2].

Art. 15. Les dispositions des lois, décrets, ordonnances et règlements contraires à la présente loi sont et demeurent abrogées.

1. « Les recettes et les dépenses des services spéciaux de l'Imprimerie royale, des chancelleries consulaires, des poudres et salpêtres, de la fabrication des monnaies et des médailles, de la Légion d'honneur et de la caisse des invalides de la marine, seront portées pour ordre dans les tableaux du budget général de l'État; ces services spéciaux seront soumis à toutes les règles prescrites par les lois de finances pour les crédits supplémentaires et le règlement définitif du budget de chaque exercice. Les budgets et les comptes détaillés de ces services seront annexés respectivement aux budgets et aux comptes des départements ministériels auxquels ils ressortissent. » (*Loi du 9 juillet* 1836, *art.* 17).

2. Voyez, page 32, l'article 63 de la loi du 15 mars 1850.

www.ingramcontent.com/pod-product-compliance
Ingram Content Group UK Ltd.
Pitfield, Milton Keynes, MK11 3LW, UK
UKHW021029180726
13838UKWH00004B/1697

9 782329 430782